LIZZIE JOHNSON

Vaquera texana

Heather E. Schwartz

Consultora

Devia Cearlock
Especialista en estudios sociales de jardín
de niños a 12.º grado
Amarillo Independent School District

Créditos de publicación

Dona Herweck Rice, *Jefa de redacción*
Conni Medina, *Directora editorial*
Lee Aucoin, *Directora creativa*
Marcus McArthur, Ph.D., *Editor educativo asociado*
Neri Garcia, *Diseñador principal*
Stephanie Reid, *Editora de fotografía*
Rachelle Cracchiolo, M.S.Ed., *Editora comercial*

Créditos de imágenes:

Tapa DeGolyer Library & North Wind Picture Archives;
pág. 1 DeGolyer Library; págs. 2–3 North Wind Picture
Archives; pág. 4 DeGolyer Library; pág. 4–5 LOC [HABS
TEX, 105–DRIP], pág. 3 LOC [LC–DIG–cwpb–0747],
pág. 6 Austin History Center; pág. 7 The Granger
Collection; pág. 8 (izquierda) Dolph Briscoe Center for
American History, The University of Texas at Austin;
pág. 8 (derecha) LOC [LC-USZC4–12521]; pág. 9 North
Wind Picture Archives; pág. 10 North Wind Picture
Archives; pág. 11 LOC [LC-USF34-050548–D]; pág. 12
Corbis; pág. 13 (arriba) Stephanie Reid; pág. 14 The
University of Texas at San Antonio, Libraries Special
Collections; pág. 15 The Granger Collection; pág.
16 Alamy; pág. 17 The Granger Collection; pág. 17
(lateral) The Granger Collection; pág. 19 Alamy; pág.
19 (lateral) Alamy; pág. 20 The Granger Collection;
pág. 21 LOC [LC–D4–19228]; pág. 22 Stu Seeger/
flickr; pág. 23 Austin History Center; pág. 24 Timothy
J. Bradley; pág. 25 (arriba) Austin History Center;
pág. 25 (abajo) Picture History/Newscom; pág. 26-27
Austin History Center; pág. 27 Bridgeman Art Library;
pág. 28 LOC [LC–DIG-ggbain–37272]; pág. 28–29 LOC
[LC-DIG-ppmsc–0263]; pág. 29 Leigh A. Lunsford; pág.
32 The Granger Collection; todas las demás imágenes
de Shutterstock.

Teacher Created Materials

5301 Oceanus Drive
Huntington Beach, CA 92649-1030
http://www.tcmpub.com

ISBN 978-1-4333-7218-6

Tabla de contenido

Creciendo al estilo texano

El 9 de mayo de 1840 nació una futura vaquera de Texas. Elizabeth "Lizzie" Ellen Johnson nació en Misuri. Era la segunda de siete hijos en su familia. Sus padres, Thomas Jefferson Johnson y Catherine Hyde Johnson, eran maestros.

Cuando Lizzie tenía unos cuatro años su familia se mudó a Texas. Los Johnson se establecieron en Bear Creek en el condado de Hays. En 1852 abrieron una escuela para niños llamada el **Instituto** Johnson. Los estudiantes ayudaron a construir las cabañas de madera para la escuela. Poco después de su apertura el Instituto Johnson comenzó también a admitir niñas.

Lizzie Johnson

Los padres de Lizzie trabajaban juntos en el manejo de la escuela. Los estudiantes apodaron a su padre "Escoba vieja" porque era **severo** y tenía el pelo desordenado. La madre de Lizzie era conocida como la tía Katy. Cocinaba, enseñaba piano, y atendía a las estudiantes. El Instituto Johnson fue donde Lizzie recibió su primera educación escolar. Aprendió matemáticas, ortografía, gramática y música.

Albert Sidney Johnston

Un primo famoso

Lizzie era prima segunda del famoso general confederado Albert Sidney Johnston. Johnston luchó para el sur en la guerra de Secesión. Murió en la batalla de Shiloh en 1862.

Educación y religión

Las dos cosas más importantes para la familia de Lizzie eran la educación y la religión. Su padre, Thomas Jefferson Johnson, se mudó a Texas como **misionero** cristiano antes de que Texas fuera un estado. Enseñaba historias cristianas de la Biblia a los estudiantes.

el Instituto Johnson

Mujer de carrera
Una mujer con muchos trabajos

Lizzie continuó con su educación asistiendo a la universidad para mujeres de Chappell Hill en el este de Texas. La escuela se centraba en los valores cristianos. En 1859 Lizzie se graduó y regresó a casa. Decidió convertirse en maestra en el Instituto Johnson. Impartía materias básicas como **contabilidad**.

aula en Texas en el siglo XIX

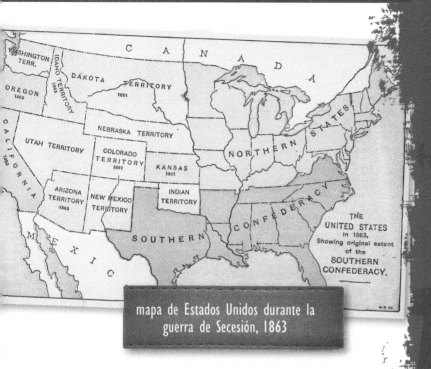

mapa de Estados Unidos durante la guerra de Secesión, 1863

Lizzie enseñó en el Instituto Johnson hasta 1863. Después de dejar el instituto procedió a enseñar en varias escuelas de Austin. Enseñó durante unos 20 años.

Lizzie tenía también otros objetivos. Parecía tener un talento especial para los números. Era una pensadora creativa. Mientras enseñaba en Lockhart, Texas, Lizzie oyó hablar de nuevas formas de hacer dinero. A los veinte y pocos años de edad, comenzó a pensar como una **empresaria**. Es decir, como una persona que inicia un negocio.

La guerra de Secesión

La guerra de Secesión comenzó en 1861. El norte, o la Unión, luchó contra el sur, o Confederación. Texas luchó en el bando confederado. Alrededor de 25,000 texanos estaban en el ejército para finales de año. El conflicto principal de la guerra era la esclavitud. Al igual que muchas familias del sur, la familia de Lizzie tenía esclavos.

Trabajo para las mujeres

A medida que los hombres salían a luchar en la guerra las mujeres texanas empezaron a dirigir las fincas y empresas familiares. Esto llevó a muchas mujeres de Texas y del resto del país a participar más en los asuntos de negocios.

Aprendiendo el negocio

Lizzie obtuvo **ingresos** extra escribiendo historias cortas de ficción. Escribió para la revista *Illustrated Weekly* de Frank Leslie bajo un **seudónimo**. Esto mantenía su verdadera identidad en secreto.

Lizzie también llevaba la contabilidad para hombres en el negocio ganadero. Esto le permitió conocer a otras personas que querían ganar dinero. Lizzie conoció a George W. Littlefield y a William H. Day. Eran ganaderos y empresarios conocidos. Littlefield tomó riesgos inteligentes con su dinero mediante la compra y venta de ganado. Day pensaba que poseer tierras le ayudaría a alcanzar el éxito. Compró miles de acres y los cercó. Por desgracia, murió joven en una **estampida**. Dejó las tierras a su esposa, Mabel.

George W. Littlefield

El *Illustrated Weekly* de Frank Leslie

un vaquero guardando la manada durante un acarreo de ganado en Texas

La llamada del ganado

Después de que terminara la guerra de Secesión en 1865 muchos ganaderos texanos hicieron dinero con la venta de su ganado en otros estados. En el acarreo de ganado los vaqueros llevaban ganado desde Texas a otros estados donde podía ser vendido para obtener ganancias.

Otra gran Day

Mabel Day, la viuda de William H. Day, fue otra mujer fuerte de Texas en la época de Lizzie. Después de la muerte de su esposo, Day inició un rancho de ganado en la tierra que heredó de él. ¡En 1883 ya lo había convertido en uno de los ranchos cercados más grandes de Texas!

Lizzie sabía que el ganado podía ayudarla a ganar más dinero. Así que ella **invirtió** su dinero en una compañía de ganado de Chicago. Después de tres años el riesgo de Lizzie dio sus frutos. Obtuvo grandes **ganancias**.

marcando un ternero

Lizzie hace su marca

En 1871 Lizzie estaba dispuesta a gastar parte de sus ganancias. El 1 de junio registró su propia **marca** de ganado bajo su nombre de pila, Elizabeth Johnson. El marcado era una forma que tenían los propietarios de ganado para señalar su ganado como propio. Dos días más tarde Lizzie compró su primera propiedad inmobiliaria. Por 3,000 **dólares de oro**, compró 10 acres de tierra en Austin, Texas. Se los compró a Charles W. Whitis. Lo había conocido por su actividad como contable. Él era un hombre de negocios y banquero. Ayudó a traer el primer ferrocarril a Austin en 1871.

Lizzie tenía buenos **instintos** para el éxito en los negocios. Pero no renunció a su trabajo para seguir esta nueva **empresa**. Siguió enseñando por muchos más años. En 1873 compró más tierras en Austin. Construyó una casa en la que vivía en el segundo piso y dirigía su propia escuela en el piso de abajo.

una escuela como la que Lizzie construyó

Marcados de por vida

El marcado consiste en quemar la piel de un animal para dejar una marca. Entre 1870 y 1890 las imágenes de objetos como una sartén, una bota o una horca eran marcas comunes en Texas. Los ganaderos marcaban su ganado para que nadie pudiera robarlo. La marca mostraba quién era el dueño del ganado.

El sendero de Chisholm

El sendero de Chisholm era la ruta más transitada para el acarreo de ganado desde Texas entre 1867 y 1884. Los vaqueros llevaban el ganado desde Texas para venderlo en otros estados. El ganado *Texas Longhorn* valía mucho dinero.

Construyendo su manada

Lizzie utilizó parte de sus ganancias para comprar más ganado. También hacía algo llamado *sorpresa en la maleza*. Durante la década de 1870 los propietarios de ganado de Texas no siempre cercaban su ganado. Muchas veces dejaban que sus animales vagaran libremente. Algunos propietarios marcaban su ganado. Otros no. Los que no lo hacían corrían riesgos. Algunos de sus animales podían ir hasta la **maleza**. Otros rancheros perseguían al ganado desde la maleza, haciéndolos salir corriendo. A continuación marcaban a los animales como suyos.

vaqueros atrapando una vaca para marcarla

la marca de ganado de Lizzie Johnson

King Ranch

Richard King era un capitán de barca de río. Durante la guerra de Secesión se compró un gran rancho, que fue el comienzo de King Ranch. Su rancho se convertiría en el rancho más grande de Texas.

Un campo no tan abierto

La idea de cercar las manadas se hizo más popular después de 1874. Ese año se inventó el alambre de púas. Era fuerte y barato. Los rancheros utilizaban el alambre de púas para cercar sus tierras. Esto ayudaba a mantener el ganado en su propiedad.

La sorpresa en la maleza no era siempre una manera honesta de construir una **manada**. A veces los animales eran salvajes. Pero en otras ocasiones pertenecían a otros ganaderos. Pero era difícil demostrar que la gente era culpable de "sorpresa en la maleza".

Este método era un trabajo duro. Lizzie lo utilizó para hacer crecer su manada sin gastar mucho dinero.

El alambre de púas mantiene al ganado dentro de la propiedad.

Matrimonio y dinero
Una solicitud especial

Lizzie era una ocupada mujer trabajadora con más de un trabajo. Aun así ella encontró tiempo para enamorarse. Su futuro esposo, Hezekiah G. Williams, era un **pastor** retirado. También era **viudo** con varios hijos.

Antes de que se casaran Lizzie hizo una petición especial. Ella le pidió que firmara un acuerdo **prenupcial**. Este contrato decía qué pasaría si ellos ponían fin a su matrimonio. El acuerdo decía que cada uno de ellos podría mantener la propiedad que él o ella tuviera originalmente si se **divorciaban.**

Lizzie Johnson se casa con Hezekiah G. Williams.

14

Lizzie tenía 39 años el día de su boda. Se casó el 8 de junio de 1879. Llevaba un vestido de seda que era lo que estaba de moda en la época.

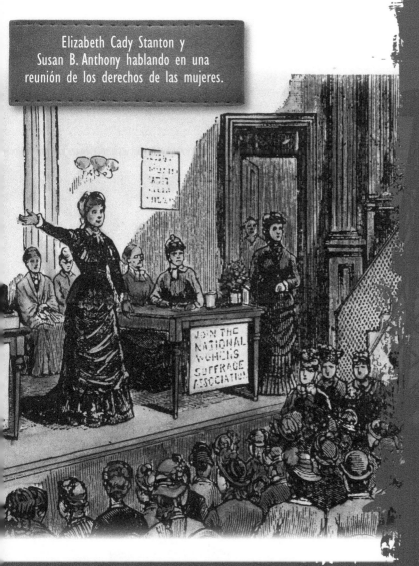

Elizabeth Cady Stanton y Susan B. Anthony hablando en una reunión de los derechos de las mujeres.

Extraña solicitud

En el siglo XIX era raro que una mujer solicitara un acuerdo prenupcial. Los hombres solían tener más dinero que las mujeres al casarse y la propiedad se consideraba por lo general de ellos.

Derechos de la mujer

Durante este tiempo muchas mujeres estadounidenses defendían que las mujeres debían recibir los mismos derechos que los hombres. Elizabeth Cady Stanton y Susan B. Anthony fueron líderes en el movimiento de los derechos de las mujeres. Estas líderes ayudaron a organizar a las mujeres en Estados Unidos y Gran Bretaña.

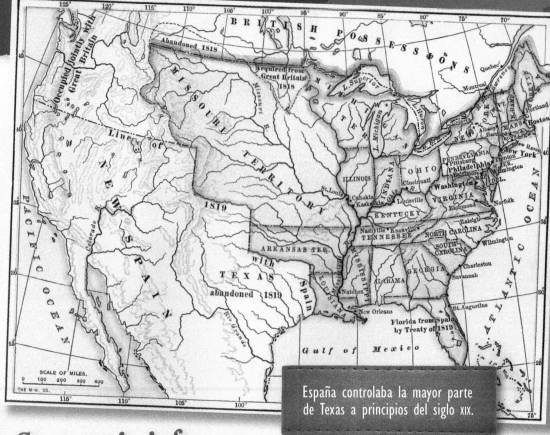

España controlaba la mayor parte de Texas a principios del siglo XIX.

Su propia jefa

Lizzie y Hezekiah mantuvieron sus propiedades por separado. Incluido el dinero. Esto era raro en Texas en la década de 1880. Las mujeres casadas tenían más derechos sobre la propiedad en Texas que en el resto de Estados Unidos.

La mayoría de los estados le daban la propiedad de la mujer a su esposo cuando se casaban. Esta ley había llegado de Inglaterra a Estados Unidos. Pero en Texas muchas leyes procedían de España. Esto es debido a que España era dueña de parte de Texas. Las mujeres casadas podían tener propiedades en Texas. En 1840 Texas aprobó un **estatuto** o ley. Esta ley permitía que las mujeres mantuvieran las propiedades que tenían antes de casarse. También les daba derechos a las mujeres sobre la propiedad **adquirida**, o añadida, por sus esposos durante el matrimonio.

A finales del siglo XIX el movimiento por los derechos de las mujeres trabajaba duro para conseguir el **sufragio**. El sufragio es el derecho al voto. Lucy Stone trabajó con Susan B. Anthony y Elizabeth Cady Stanton para cambiar las leyes electorales. En 1869 Stone formó la Asociación Estadounidense para el Sufragio Femenino.

Lucy Stone

Esta caricatura muestra lo que algunos pensaban que pasaría si las mujeres pudieran votar.

Hombres trabajando

En el siglo XIX la mayoría de los estadounidenses veían a los esposos como la cabeza del hogar. Esto quiere decir que se pensaba que los esposos estaban a cargo de sus hogares. Se esperaba que los esposos ganaran dinero para cuidar de sus familias. Esta es una razón por la que se les permitía controlar las propiedades de sus esposas.

Algunas personas incluso pensaban que las mujeres eran demasiado delicadas o débiles para participar en el mundo de los negocios. Los negocios y la política se consideraban parte del mundo de los hombres. Las mujeres como Lucy Stone desafiaron estos puntos de vista sobre las mujeres.

La reina del ganado
Viajando por el sendero de Chisholm

Durante la década de 1880 Lizzie llevó a su propia manada por el sendero de Chisholm. Quería vender el ganado en otro estado para obtener mejores ganancias. El sendero de Chisholm cruzaba por Oklahoma hacia Kansas.

Conducir una manada era un trabajo duro. El ganado se dispersaba por el camino a lo ancho de dos millas (3 km) de terreno. El terreno en sí dificultaba el viaje. Algunas áreas estaban cubiertas de vegetación densa. Cruzar el río Rojo era peligroso. Estaba lleno de **arenas movedizas**.

Lizzie tenía que tener cuidado de los **asaltos** de los indígenas americanos. Tenía que tener en cuenta las **sequías** y las inundaciones. Tenía que asegurarse de que su ganado tuviera agua para beber y pasto para comer. También tenía que estar segura de que ella y su caballo tuvieran lo suficiente para comer y beber. Un viaje por el sendero de Chisholm podía llevar semanas o incluso meses.

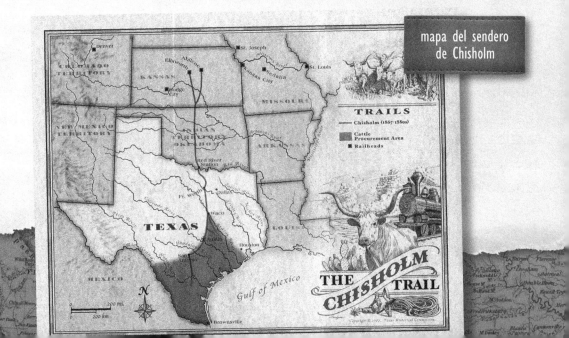

mapa del sendero de Chisholm

El río Rojo forma parte de la frontera entre Texas y Oklahoma.

Lizzie recorrió el sendero de Chisholm varias veces. Cuando llegaba a Kansas administraba sus propios acuerdos de negocios. Vendía su ganado a la gente en los estados del este que quería carne de res de Texas. Lizzie era una vaquera trabajadora que se ganó el apodo de la Reina del ganado de Texas.

El precio del progreso

Los ferrocarriles permitían que los propietarios de ganado enviaran su ganado a otros estados. Los propietarios de ganado de Texas ya no tenían que acarrear sus manadas por el sendero de Chisholm hasta Kansas. El sendero de Chisholm se cerró oficialmente en 1884 aunque algunas personas lo siguieron utilizando hasta 1889.

Jornaleros

Nadie podía conducir una manada de ganado solo. Lizzie viajaba con su esposo, que conducía su propia manada. Es probable que contrataran a un equipo de vaqueros para ayudarlos. Por lo general se necesitaban al menos 12 personas para llevar de 2,000 a 3,000 vacas en un viaje.

Historia de éxito

Lizzie tuvo éxito en su negocio. Le gustaba ir de compras cuando viajaba a las ciudades de Nueva York, San Luis y Kansas. Gastaba dinero en ropa, sombreros, diamantes y telas costosas. ¡Hay quien dice que compró 10,000 dólares en joyas en un viaje!

Sin embargo el esposo de Lizzie tuvo problemas de dinero. A veces no podía pagar sus **préstamos**. Probó con proyectos empresariales que fracasaron. La pareja vivió en Cuba unos años para vender ganado allí. ¡Mientras estaban en Cuba secuestraron a Hezekiah! Lo retuvieron por un **rescate** de 50,000 dólares.

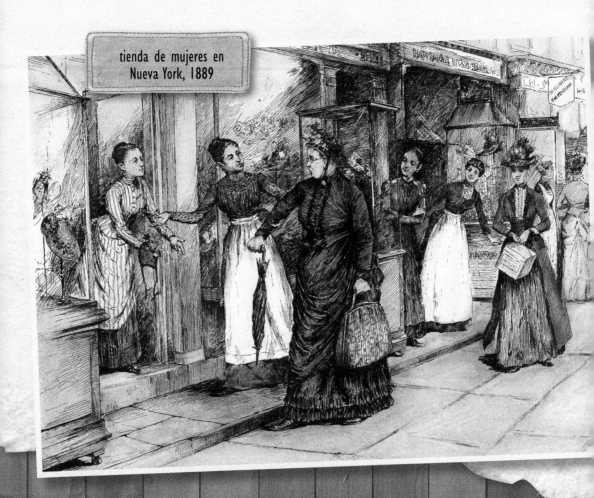

tienda de mujeres en Nueva York, 1889

una subasta de ganado en la Ciudad de Kansas, Misuri

Subasta de ganado

Una subasta de ganado es un lugar donde los ganaderos compran y venden ganado. Los ganaderos como Lizzie eligen el ganado que les gustaría comprar. Entonces dicen cuánto están dispuestos a pagar por cada animal. El ranchero con la oferta más alta, o cantidad que están dispuestos a pagar, gana el derecho a comprar el animal.

Lizzie rescató a su esposo. Pagó el rescate para liberar a Hezekiah. De hecho, ella siempre estaba dispuesta a ayudar a Hezekiah cuando necesitaba dinero. Ella sólo le pedía que le devolviera el dinero.

En 1896 la pareja cambió sus acuerdos financieros. Los dos sabían que Lizzie estaba más dotada para los negocios. Así que Lizzie le dio a Hezekiah 20,000 dólares. A cambio, él firmó cediéndole su tierra y su ganado a su esposa. Ahora Lizzie podía usar su agudo sentido de los negocios para administrar todos los bienes de ambos.

Buen ojo

Lizzie y Hezekiah viajaban a menudo juntos a las subastas para comprar ganado. Ella tenía buen ojo para escoger el mejor ganado. Lizzie le decía a sus vaqueros que pusieran el mejor ganado en su manada en lugar de en la manada de su esposo. Decía que Hezekiah probablemente perdería su ganado de todos modos.

La Ciudad de Hays

En 1908 se incendiaron los juzgados del condado de Hays en San Marcos, Texas. Esto le dio una idea a Hezekiah. ¡Quería construir su propia ciudad! Pensó que podría reemplazar a San Marcos como **sede de condado** en el condado de Hays.

Lizzie ayudó a su esposo a construir la ciudad. Se comenzó a construir en su rancho en el condado de Hays. Le dieron el nombre de la Ciudad de Hays. Estaba a unas 11 millas (18 km) de San Marcos.

Ciudad de Hays tenía todo lo que una ciudad necesitaba. La pareja construyó un hotel de dos pisos y unos grandes almacenes. La ciudad también tenía un almacén de madera, una **caballeriza** y una iglesia. La pareja incluso empezó un periódico semanal llamado *Hays City Enterprise*. Solo había un problema. ¡Ciudad de Hays no tenía ningún habitante! Pocas personas se fueron a vivir allí.

los nuevos Juzgados del Condado de Hays, construidos en 1908 en San Marcos

el edificio Brueggerhoff

Ciudad pequeña

Ciudad de Hays se construyó a partir del Rancho Williams. La ciudad solo tenía dos calles, la calle Williams y la calle Johnson. Ninguno de los edificios de la Ciudad de Hays original existe hoy.

Propietaria

Poco después de casarse con Hezekiah, Lizzie comenzó a invertir en propiedades inmobiliarias. Compró varios edificios y terrenos baldíos alrededor de Austin. Su primera adquisición fue el edificio Brueggerhoff. Aquí es donde pasó la mayor parte de sus últimos años. La única propiedad que Lizzie y Hezekiah tenían juntos era su rancho familiar.

Hezekiah decidió invertir más en la ciudad. Pero su plan no funcionó. No llegaron nuevos residentes.

La Ciudad de Hays era principalmente un proyecto de Hezekiah. Pero Lizzie trató de ayudar a su esposo. Sin embargo, al igual que sus otros negocios, Ciudad de Hays fracasó.

Por su cuenta otra vez
Adiós, Hezekiah

Lizzie no se llevaba bien con mucha gente. Tenía la impresión de que la mayoría de la gente era amable con ella porque querían su dinero. La gente se dio cuenta de que era más amable con sus vaqueros que con los banqueros ricos. No tenía ni siquiera una relación muy cercana con los miembros de su familia a excepción de su sobrina y Hezekiah.

El 26 de julio de 1914 Hezekiah murió. Lizzie tenía 73 años de edad. Compró un ataúd de 600 dólares para su esposo. Era mucho dinero en aquellos días. Pero Lizzie sentía que merecía la pena. Cuando pagó la factura agregó una nota personal que decía: "Quería tanto a este viejo gavilán".

Lizzie tenía un montón de dinero para gastar en este momento. Era dueña de propiedades y edificios. Se decía que tenía tierras en el este de Texas, un rancho de 4,300 acres en el condado de Trinity, Texas, y un rancho de 10,000 acres en el condado de Culberson, Texas.

Después de que Hezekiah murió Lizzie se quedó sola. Tenía muy pocos amigos. Estaba a punto de comenzar a vivir una vida diferente.

TEXAS

Condado de Trinity

Condado de Culberson

Austin

Lizzie tenía tierras por todo Texas.

un folleto anunciando el derecho de las mujeres a votar

mujeres votando por primera vez

Derecho al voto

Las mujeres habían luchado por el derecho a votar desde por lo menos 1848. Pero era una lucha difícil. Muchos hombres tenían miedo de que dar a las mujeres más derechos dañara a las familias estadounidenses. Otros simplemente sentían que la política era un mundo de hombres. Decían que era demasiado duro para las mujeres.

Las mujeres no abandonaron su lucha por el sufragio. En 1890 Wyoming fue el primer estado en permitir votar a las mujeres. Las mujeres texanas finalmente obtuvieron el derecho al voto en 1918. En 1920 la decimonovena enmienda a la Constitución de los EE. UU. concedió a todas las mujeres estadounidenses el derecho al voto.

Últimos años

Después de que su esposo murió Lizzie se convirtió en una **ermitaña**. Vivía en un apartamento en su edificio Brueggerhoff en Austin.

Las personas que conocían a Lizzie en su vejez pensaban que era pobre. No gastaba o compartía su dinero. **Acumulaba** leña y se la daba palo a palo a sus inquilinos. En su cafetería favorita se negaba a pagar más de 10 centavos por un plato de sopa, incluso cuando otros clientes tenían que pagar más.

Lizzie vestía ropa harapienta en sus salidas a la oficina de correos. Cuando algunas personas veían a Lizzie en la calle la paraban y le daban dinero. Pensaban que era pobre. Lizzie siempre guardaba el dinero que la gente le daba. Pensaba que era divertido que una mujer rica como ella aceptara **caridad**.

la electricidad llega a Austin

En 1923 Lizzie estaba **desnutrida**. Se fue a vivir con una sobrina que se hizo cargo de ella. Se sorprendió también por las luces eléctricas de la casa de su sobrina. Lizzie le hacía a su sobrina dejar las luces encendidas toda la noche para poder admirarlas.

el diseño de Thomas Edison de la bombilla

Rival antiguo

En sus últimos años, Lizzie todavía iba a la ciudad por negocios. A veces veía a un viejo rival en el negocio del ganado, el comandante George W. Littlefield. Por entonces, Littlefield era un hombre rico e importante en Austin. Cuando Lizzie lo veía en la calle, ella sonreía y gritaba: "¡Hola, viejo ladrón de ganado!".

Iluminando Texas

La electricidad era muy cara a inicios del siglo xx. Solo el 2.3 por ciento de las granjas de Texas tenía electricidad en 1935. Lizzie se podría haber permitido la electricidad en su edificio pero no quería pagar por ella.

Otras reinas del ganado

Lizzie Johnson no fue la única texana conocida como reina del ganado. También recibieron este apodo Amanda Burks y Mary Taylor Bunton. Ambas mujeres se unieron a sus esposos en los viajes por el sendero de Chisholm a finales del siglo XIX.

La primera en Texas

En 1924 Miriam A. Ferguson fue elegida como la primera gobernadora de Texas. Su esposo había sido gobernador en 1915. Durante su campaña les dijo a los texanos que seguiría el consejo de su esposo si la elegían. Dijo que iban a recibir "dos gobernadores por el precio de uno".

Miriam A. Ferguson

Riquezas ocultas

Lizzie falleció el 9 de octubre de 1924. Tenía 81 años. Después de su muerte sus familiares tuvieron que revisar sus cosas. Vieron que Lizzie no había sido pobre después de todo.

La sobrina de Lizzie encontró dinero en una vieja estantería en su edificio. Encontró billetes de cien dólares en el apartamento de Lizzie. En total encontró 2,800 dólares en efectivo. También vio que Lizzie tenía mucho dinero guardado en una cuenta bancaria.

un arreo de ganado

Otros parientes encontraron los diamantes de Lizzie. Estaban en una caja sin cerrar en un sótano. Lizzie también tenía propiedades. Todo su **patrimonio** valía más de un cuarto de millón de dólares.

Lizzie murió sin haber hecho testamento. Nunca tuvo hijos. Así que sus propiedades se repartieron entre sus parientes.

Lizzie disfrutaba haciendo negocios. También le gustaba cuestionar los puntos de vista de la gente sobre las mujeres. Lizzie era realmente una mujer adelantada a su tiempo.

Lizzie Johnson fue enterrada junto a su esposo en el cementerio Oakwood en Austin.

Glosario

acumulaba: recogía mucho de algo

adquirida: obtenida

arenas movedizas: arena suelta en la que los objetos pesados se hunden

asaltos: ataques súbitos para robar o destruir propiedades

caballeriza: establo donde la gente alquila espacio para los caballos y carruajes

caridad: bondad hacia los demás

contabilidad: gestión de registros financieros

desnutrida: que carece de una dieta saludable

divorciaban: pusiesen fin a su matrimonio

dólares de oro: monedas de oro fabricadas en Estados Unidos desde 1849 hasta 1889

empresa: negocio arriesgado que podría resultar en ganancias

empresaria: alguien que comienza su negocio propio

ermitaña: persona que vive sola y se mantiene alejada de los demás

estampida: marcha rápida y repentina hecha por animales

estatuto: una ley

ganancias: dinero conseguido en una actividad

ingresos: una ganancia en dinero

instintos: habilidades naturales

instituto: lugar para estudiar

invirtió: puso dinero en un negocio

maleza: árboles bajos o arbustos de baja calidad

manada: varios animales de una especie juntos

marca: una señal hecha quemando al ganado para mostrar la propiedad

misionero: persona que comparte su fe religiosa con los demás, por lo general en otros países

pastor: alguien que realiza ceremonias religiosas

patrimonio: las propiedades y el dinero que deja una persona que ha muerto

prenupcial: antes de casarse

préstamos: dinero prestado a una persona por un tiempo limitado

rescate: dinero exigido a cambio de un prisionero

sede de condado: centro de gobierno

sequías: períodos largos y secos sin lluvias

seudónimo: nombre falso de un autor

severo: estricto o duro

sorpresa en la maleza: el acto en el que los ganaderos espantan el ganado de los arbustos y luego lo marcan como propio

sufragio: el derecho a votar

viudo: hombre cuya esposa ha muerto

Índice

¡Es tu turno!

Durante este tiempo muchas mujeres estadounidenses defendían que debían tener los mismos derechos que los hombres. Elizabeth Cady Stanton y Susan B. Anthony fueron líderes en el movimiento de los derechos de las mujeres. Llevaron a cabo reuniones, dieron discursos y trabajaron para cambiar las leyes de Estados Unidos.

Derechos de la mujer

Haz una lista organizada sobre cómo Lizzie Johnson vivía los ideales del movimiento de los derechos de las mujeres. Utiliza la información del texto para apoyar los elementos de la lista.